22.79

WI Evanston Public Library

3 1192 00819 6022

Spanish x508.759 Murra.P

Murray, Peter, 1952 Sept. 29-
Los Everglades /

Y0-ADX-246

DATE

MAR 25 1996

Imagínate un río extenso lleno de hierba alta.

Este río mide 80 kilómetros de ancho —es tan ancho que no alcanzas a ver la otra orilla. Podrías remar en canoa durante varios días antes de llegar al otro lado. Sin embargo, el agua de este río solamente tiene unos centímetros de profundidad, y fluye tan lentamente que apenas se aprecia en qué dirección se mueve.

⇐
Vista aérea de los Everglades

Aquí y allá se ven unas islas bajas llamadas hamacas, que sobresalen de este río de hierba. En otras partes hay canales de agua clara que serpentean entre la juncia afilada de más de tres metros de alto. Bandadas enormes de aves vuelan por arriba. Las garzas reales vadean lentamente por el agua poco profunda, con sus patas largas y delgadas. Tú oyes un chapoteo y vuelves la cabeza para ver un tronco negro que se mueve lentamente por el agua. Pero no es un tronco ¡es un caimán de 3.5 metros de largo!

Te encuentras en los Everglades.

Los Everglades comienzan en la Florida central, donde las lluvias torrenciales se acumulan en lagos, arroyos y ríos. El agua fluye despacio hacia el sur, hacia el Golfo de México. Baja por el Río Kissimmee y desemboca en el Lago Okeechobee, y luego sale nuevamente por centenares de arroyos y

⇒
Garzas reales
Garza tricolor
Canal del río
Caimán

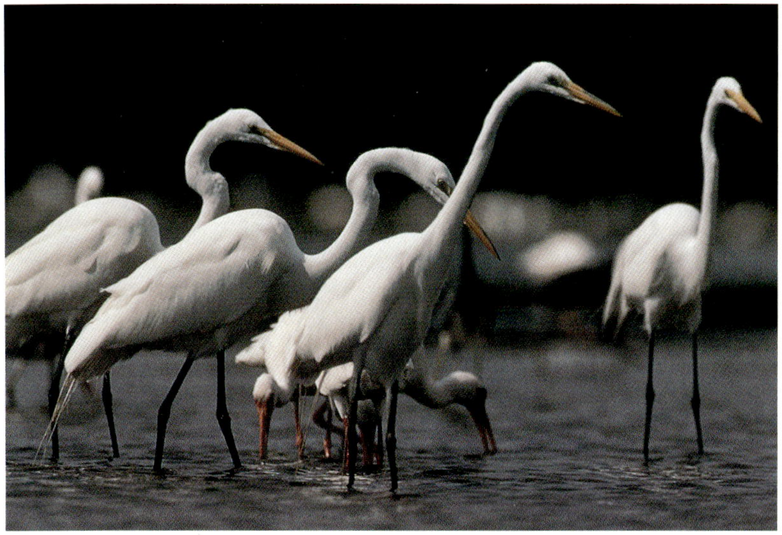
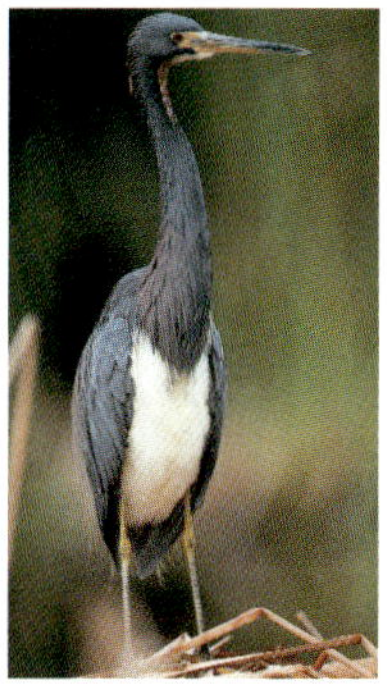
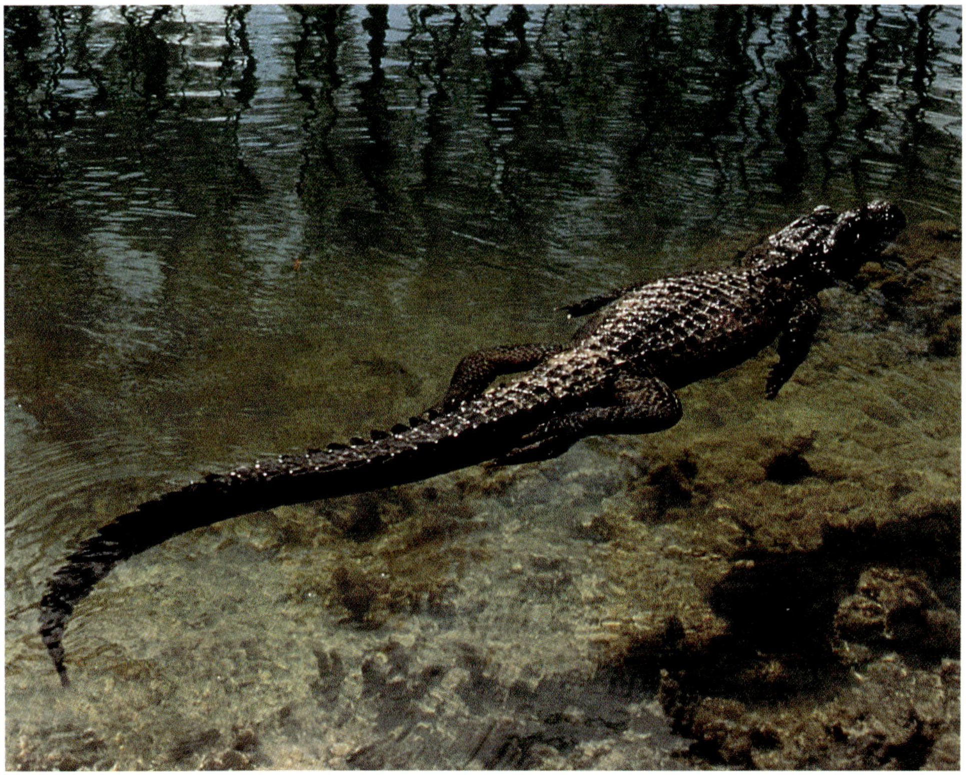
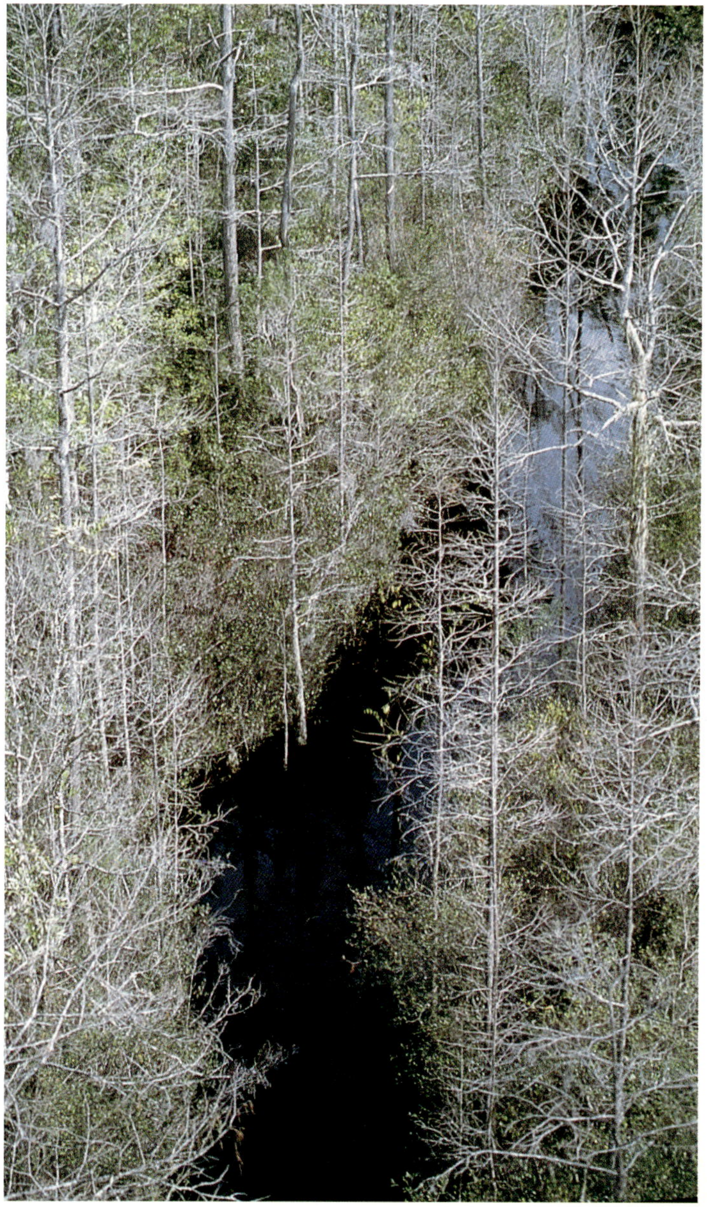

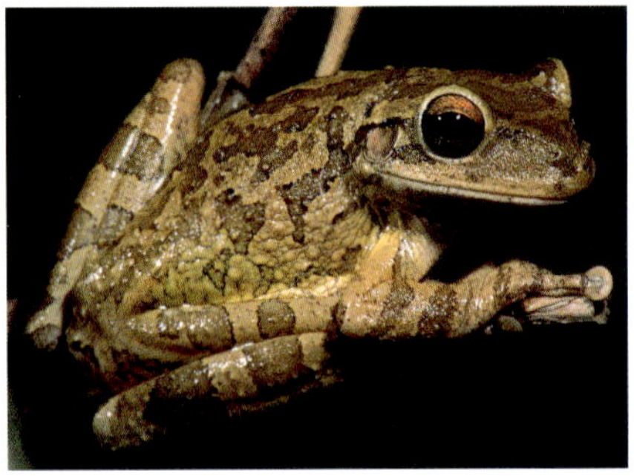
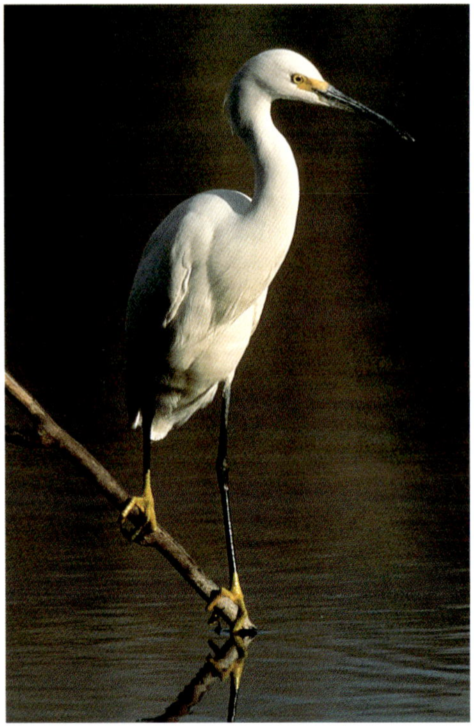
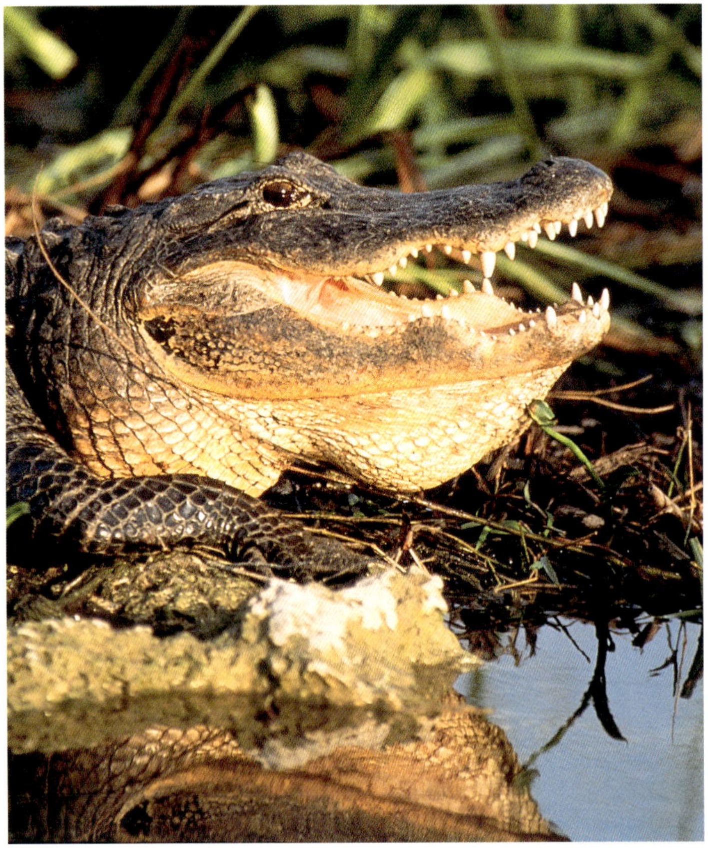
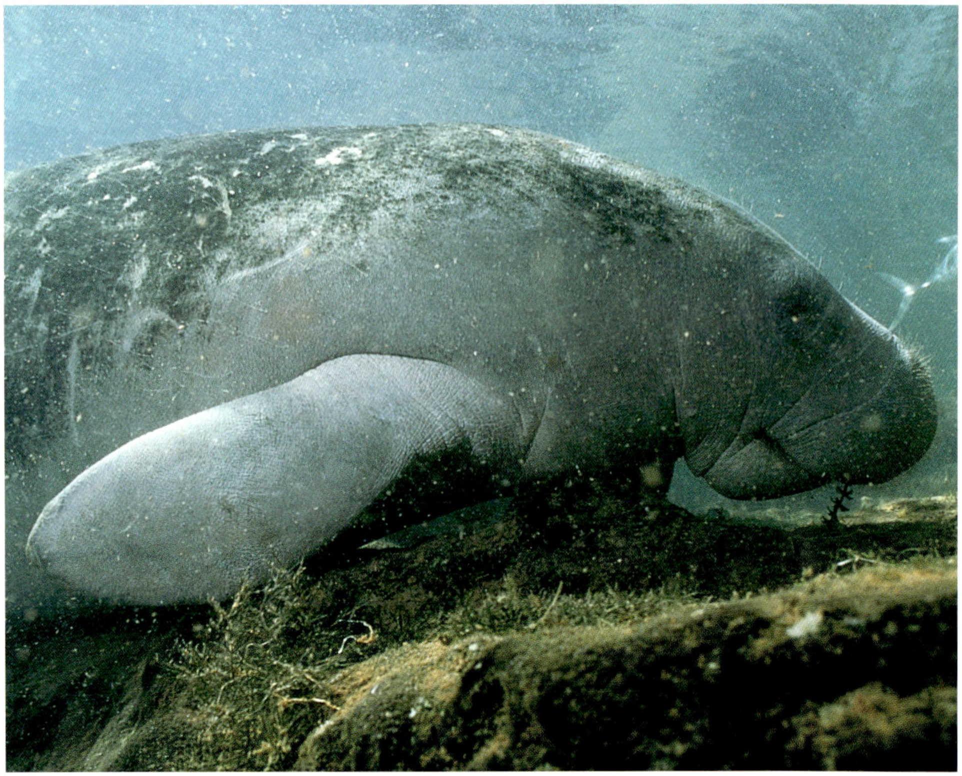

canales. Esta región pantanosa, que cubre más de 1.8 millón de hectáreas, se llama los Everglades.

Los Everglades sustentan una gran variedad de vida animal y vegetal. En el agua abundan los peces, las gambas, las tortugas y las ranas. El aire zumba con los insectos voladores. Las garzas comunes, los ibis, las garzas reales y las aves de cuchara de color rosado brillante, vadean en las zonas poco profundas, buscando su cena de pescado. La pantera de la Florida, poco comúm y esquiva—una especie en peligro de extinción—, merodea por los pinares. Los manatíes pacíficos y morosos nadan entre las raíces de los mangles, a lo largo de la costa. Las cigüeñas se posan en las ramas más elevadas de los árboles más altos.

El residente más grande y famoso de los Everglades es el caimán. A este reptil gigante

---

⇐
Rana arbórea
Garza blanca
Manatí
Caimán

y dentudo se le ha llamado el ingeniero de los Everglades. Utilizando su hocico y su cola poderosa, el caimán construye canales entre la juncia. En noviembre, cuando cesan las lluvias y comienza la larga temporada seca, los caimanes migran a sus respectivos agujeros. Si un caimán no tiene su propio agujero, se construye uno. Cavando con las pezuñas y sacudiendo la cola de un lado a otro, el caimán excava un agujero de unos 7 metros de diámetro y varios metros de profundidad. El agua subterránea se va filtrando hasta llenar el agujero. ¡El caimán se ha creado su propio oasis acuático!

Año tras año el caimán agranda su agujero. Pronto aparecen árboles como el ciprés, el caobo, el quingombó, y la higuera estranguladora. Esta última crece enroscando sus raíces y ramas alrededor de un árbol

⇒
Agujero del caimán
Higuera estranguladora

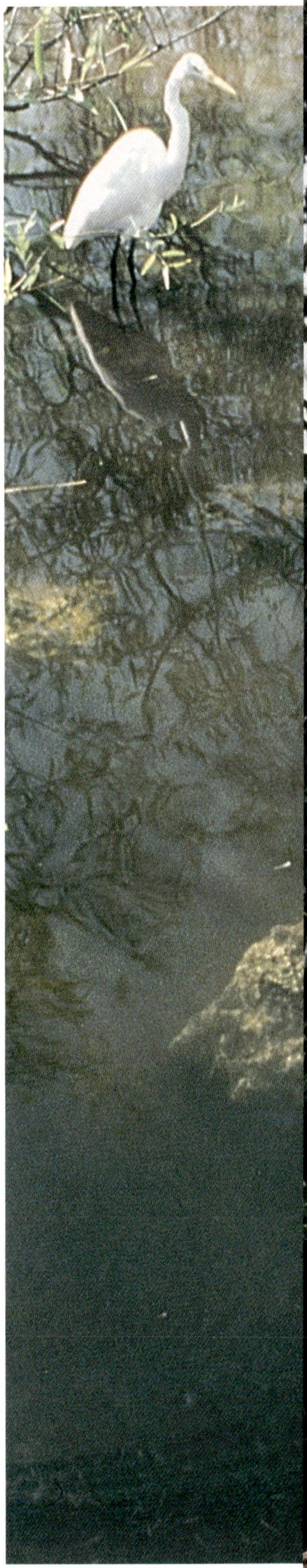
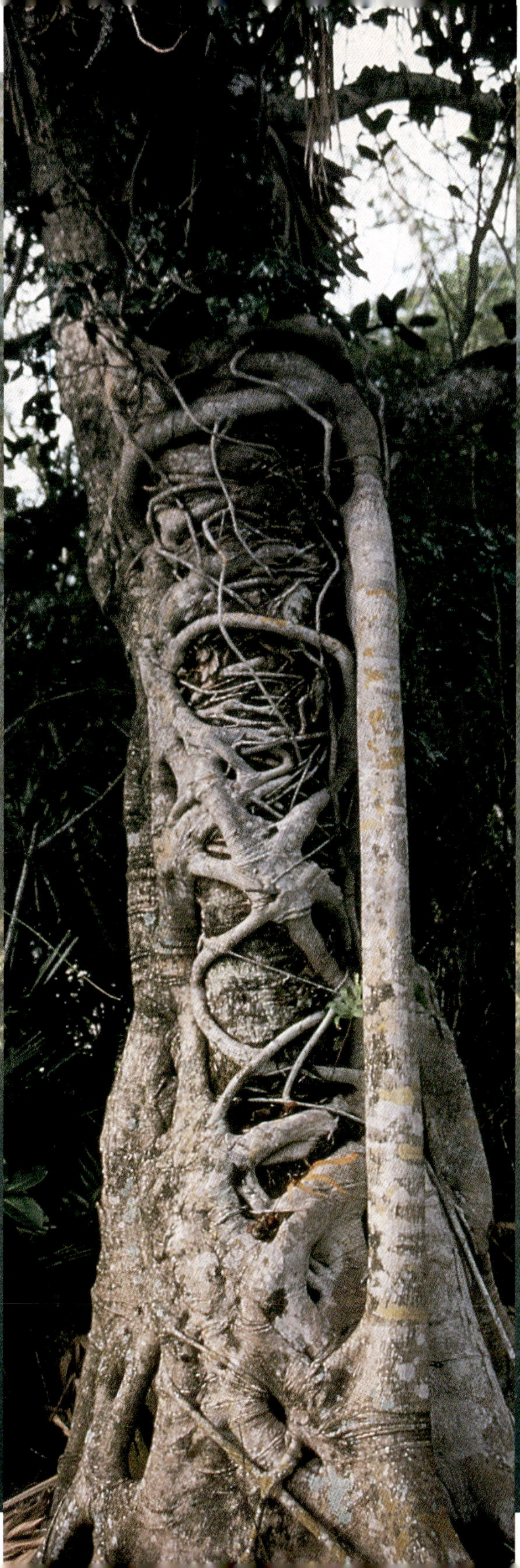
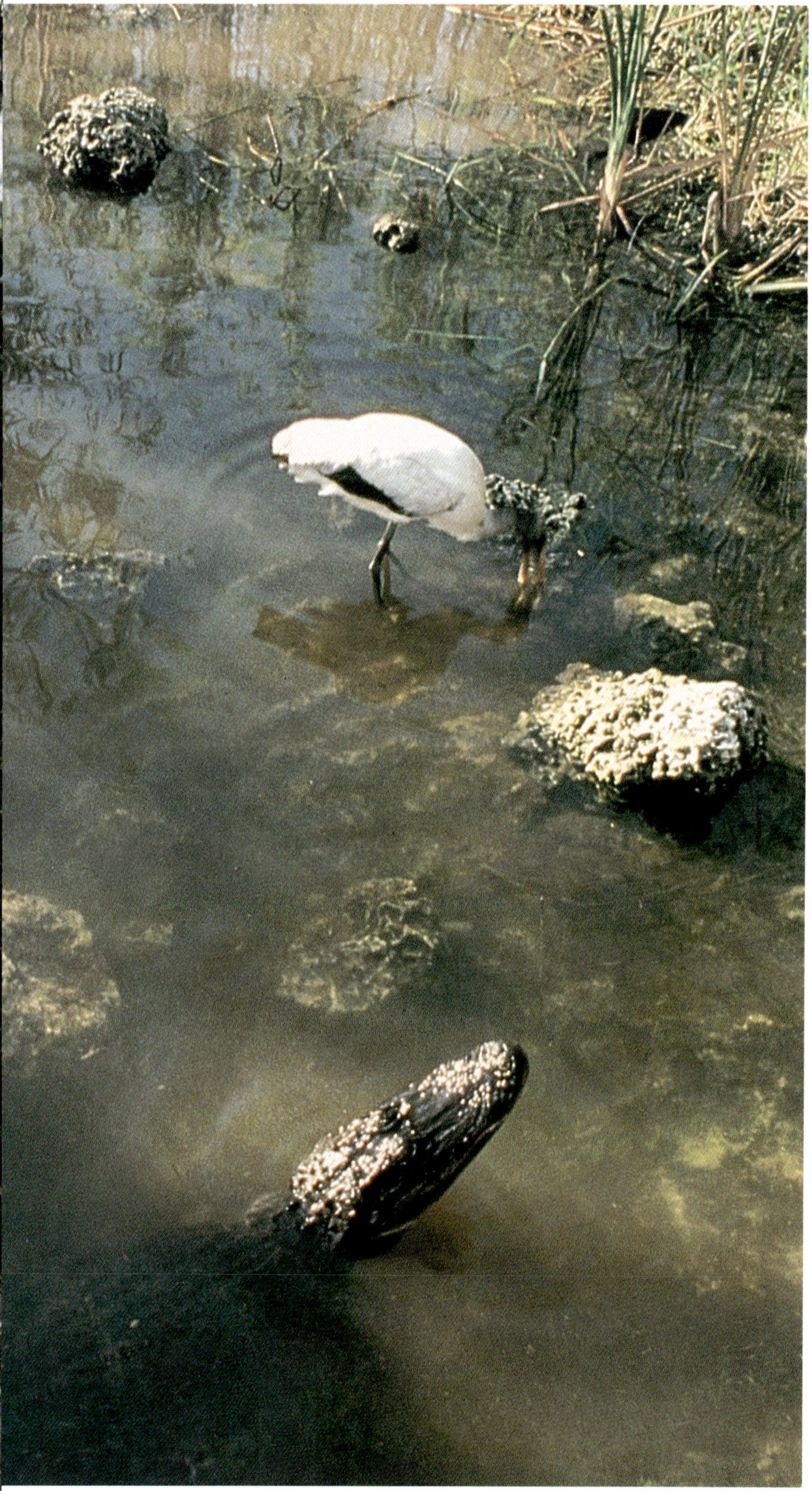

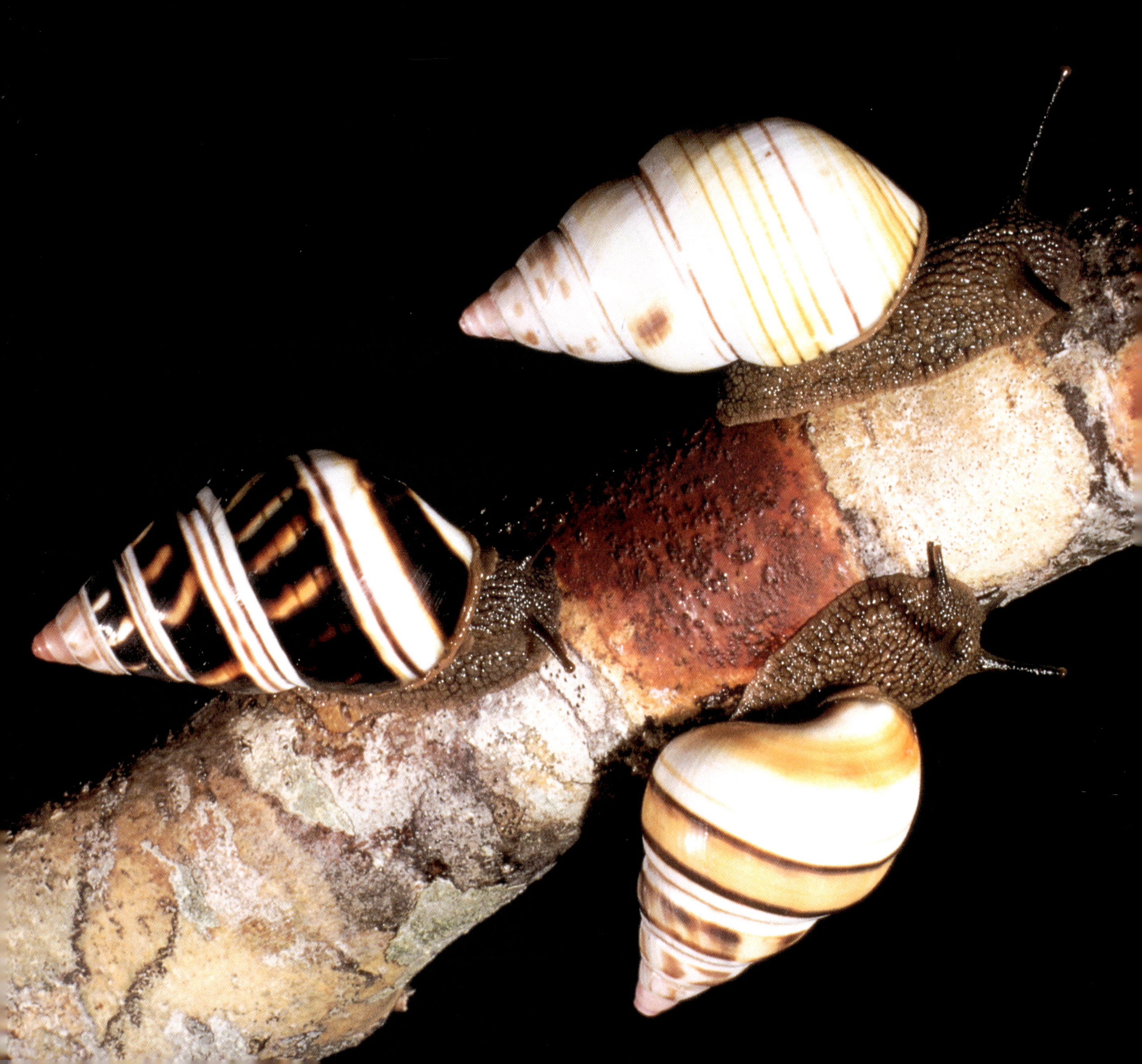

huésped. Pronto, el árbol huésped muere y sólo queda la higuera estranguladora.

El agujero del caimán se convierte en refugio invernal para una variedad de plantas y animales. Mapaches, zarigüeyas, culebras, lagartos, aves y peces, se reúnen todos en los agujeros del caimán durante la temporada seca de invierno. Muchas de las hamacas cubiertas de árboles que salpican los Everglades, comenzaron siendo agujeros de caimán. A medida que estas islas crecen, se convierten en el hogar de animales más grandes, como osos, ciervos, y linces. Sin el trabajo de los caimanes estos animales no podrían sobrevivir en los Everglades.

Entre las criaturas más curiosas que habitan los Everglades se encuentran los caracoles liguus rayados y moteados. Estos caracoles viven en las hamacas de los Everglades. Cada hamaca tiene caracoles de un

⇐
Caracoles liguus

diseño y color particular. Los expertos pueden distinguir de qué hamaca proviene un caracol ¡simplemente con mirarle la concha!

La región de los Everglades es un paraíso para los observadores de aves. Muchas de las aves que viven allí no se encuentran en ningún otro sitio de los Estados Unidos. Un ejemplo es el milano caracolero, que come solamente una especie de caracoles también exclusiva a los Everglades. La extraña cigüeña de los bosques, también llamada cabeza de hierro, se encuentra solamente en los Everglades. El ave de cuchara rosada, que casi desapareció en los años 1940, vadea entre los mangles de la costa, pescando con su largo pico en forma de cuchara. El águila calva, el águila pescadora, el búho rayado, el pelícano pardo, la gran garza real, la garza común, el cormorán, el colimbo, y el ibis, todos tienen su hogar natural en los Everglades.

⇒
Ave de cuchara rosada
Pelícanos pardos
Serpiente de cascabel
Cigüeña de los bosques

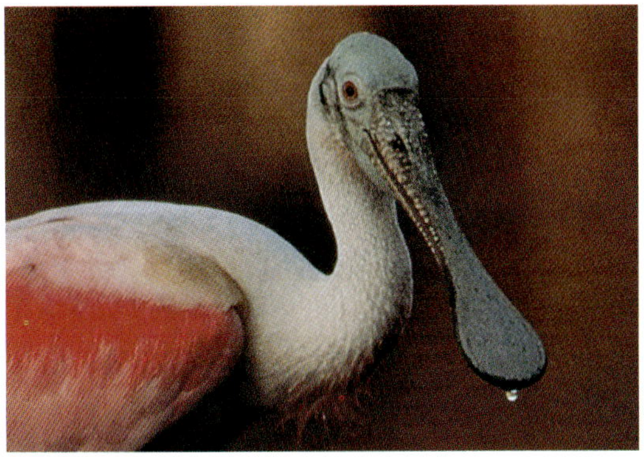

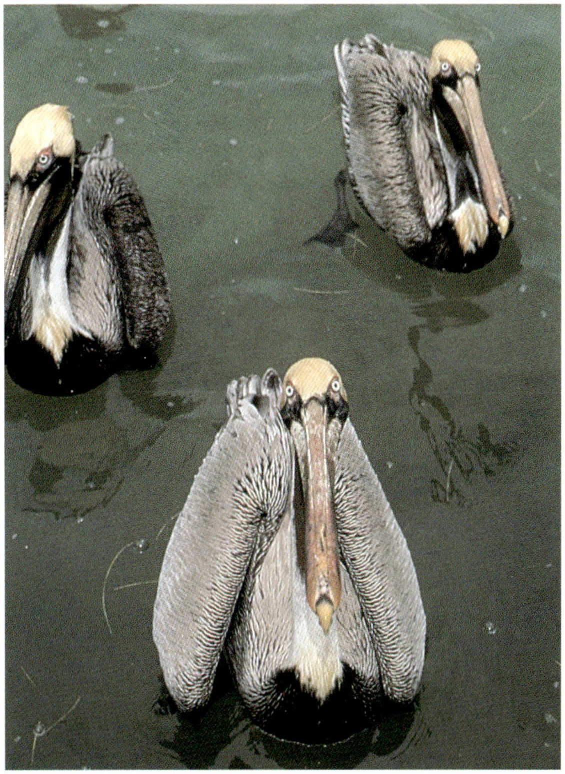

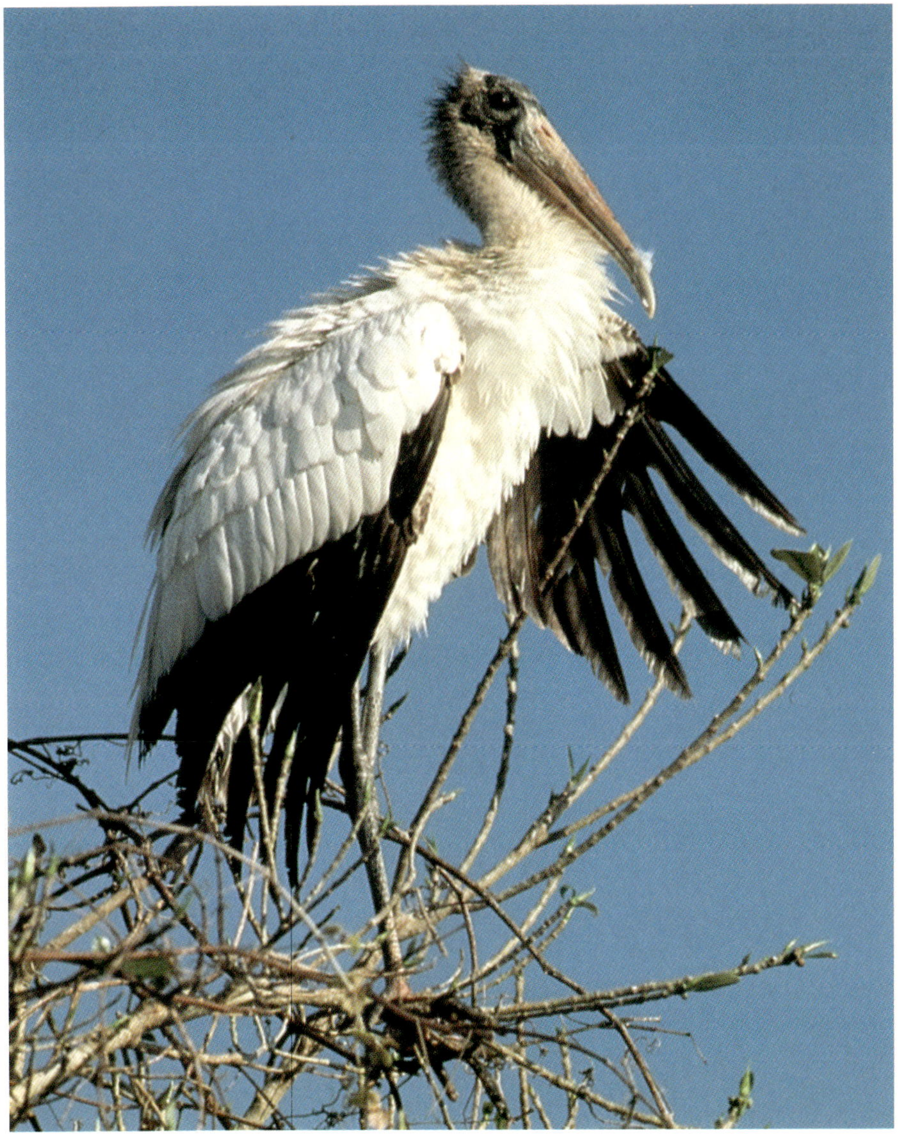

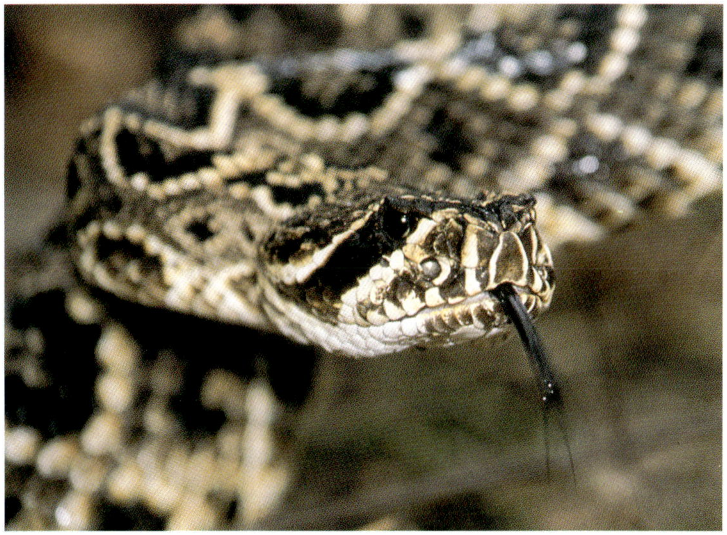

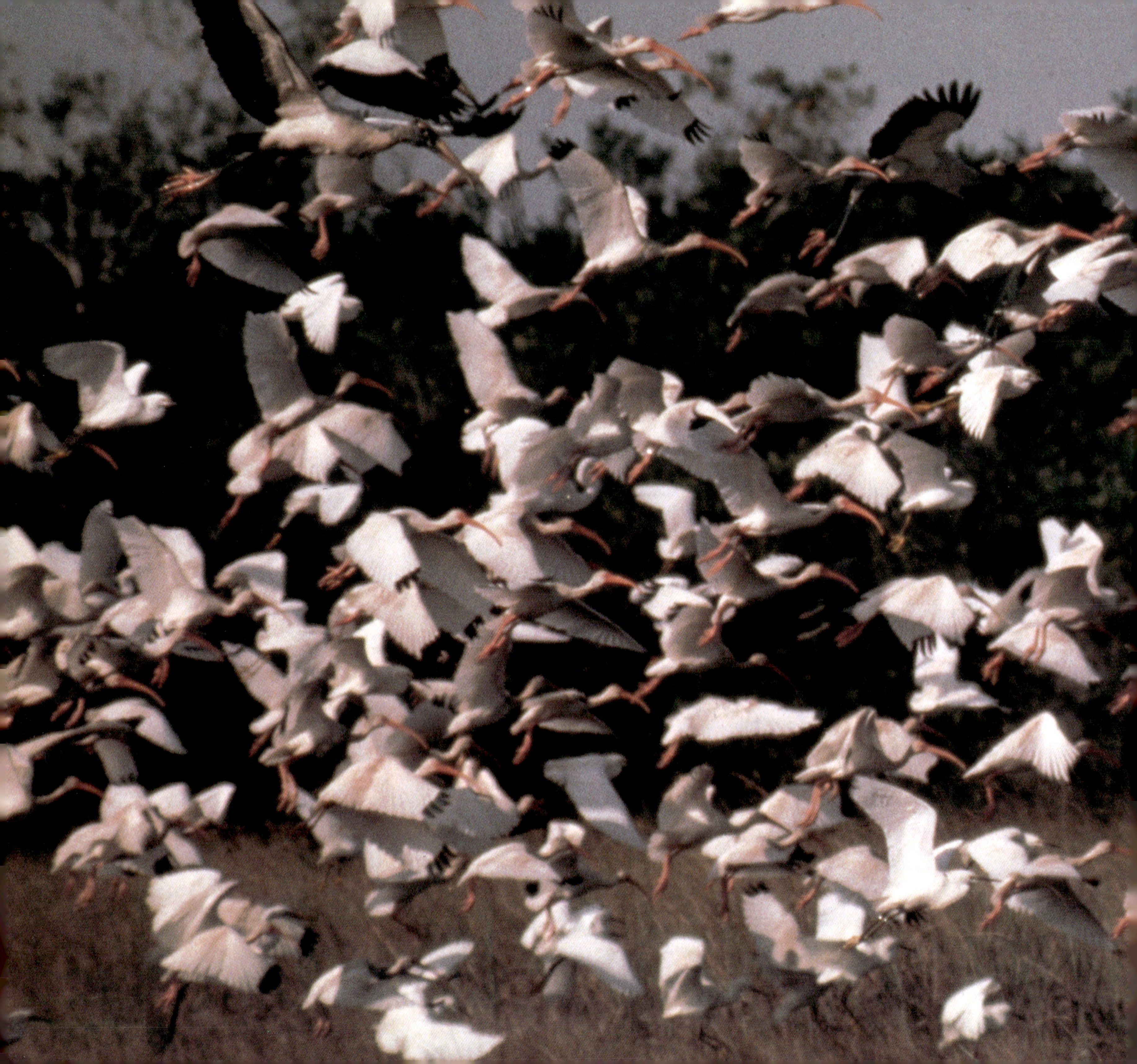

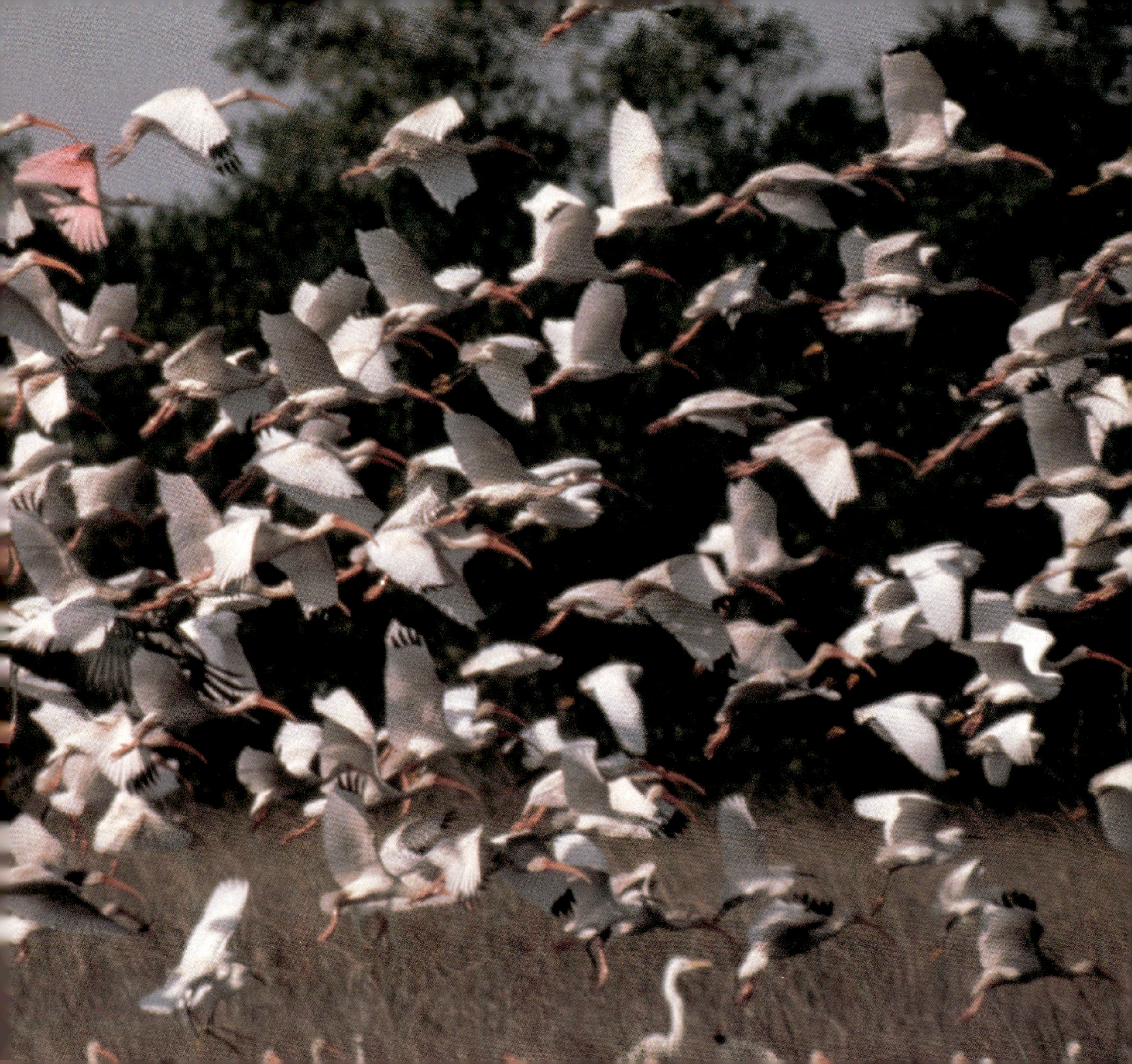

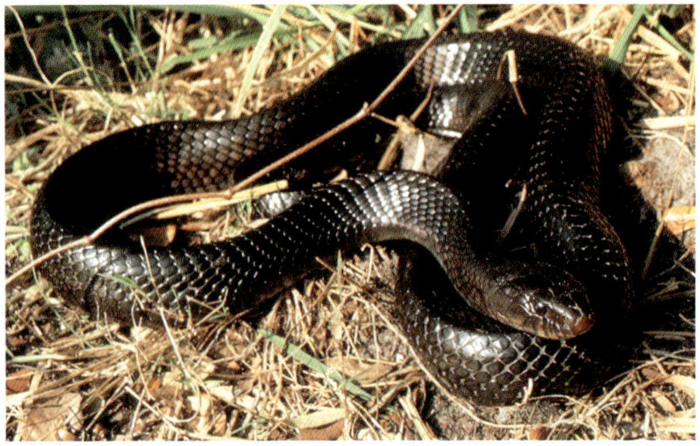
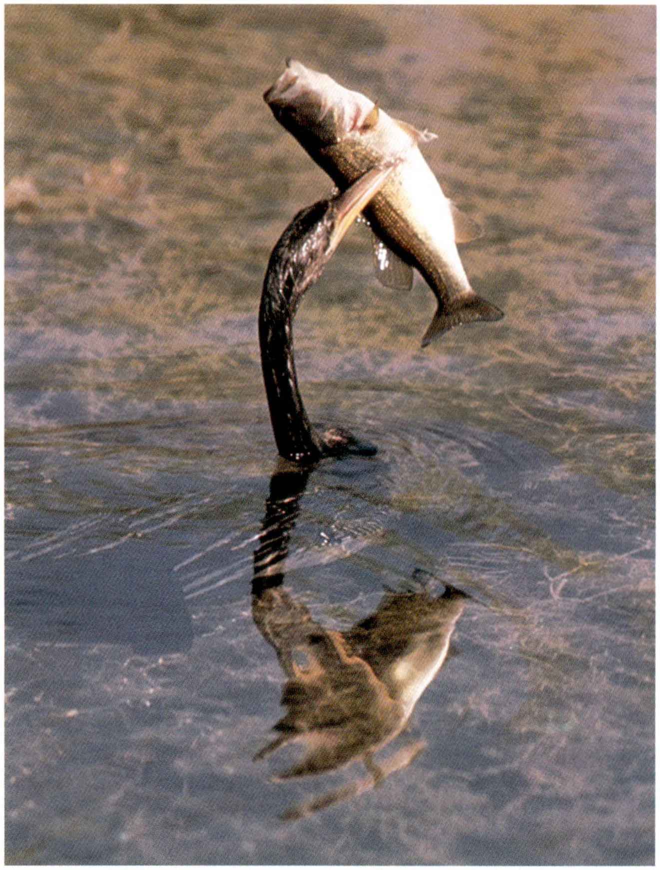
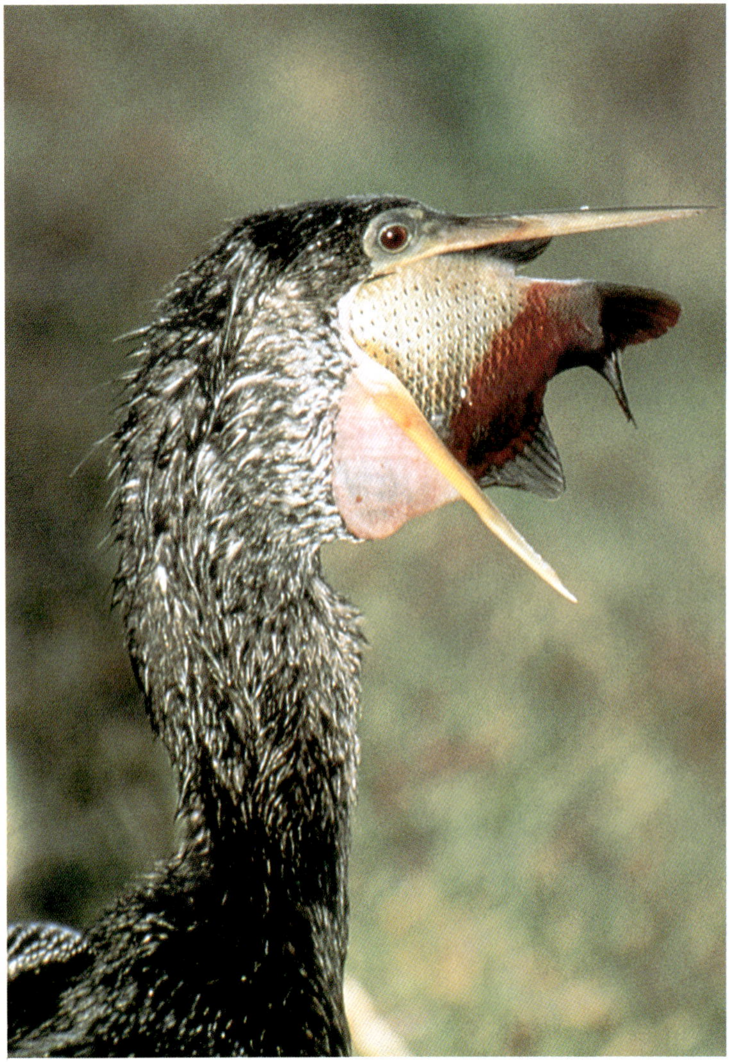
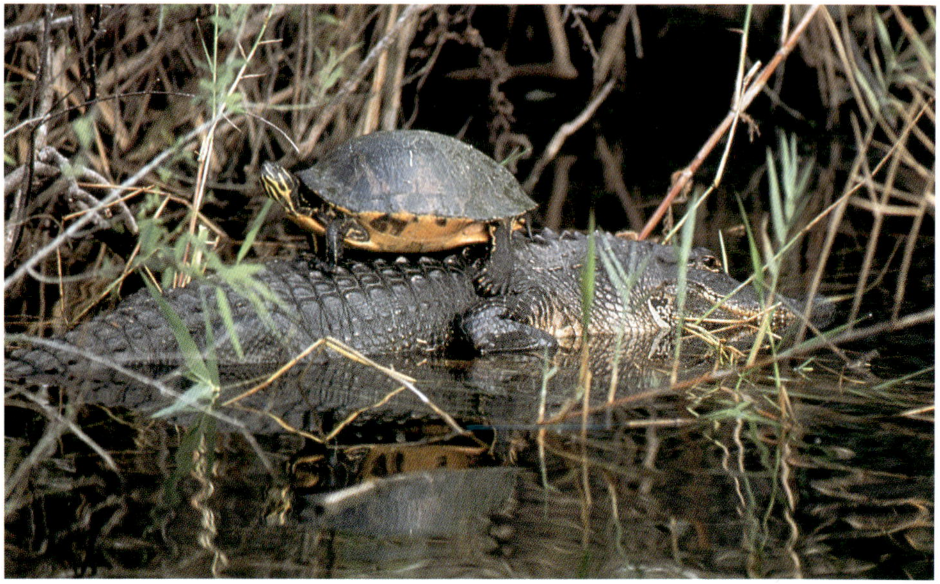

Una de las aves más extrañas de los Everglades es el anhinga, o pájaro serpiente. Cuando el anhinga nada, sólo aparece visible sobre la superficie del agua su cuello largo y su cabeza en forma de serpiente. A veces se sumerje completamente para atrapar un pez para la cena. El anhinga a menudo se posa sobre las barandillas de los puentes, o sobre árboles muertos, para secarse las plumas después de nadar.

Los reptiles son bastante comunes en los Everglades, desde el gran caimán hasta el pequeñísimo anolis, o camaleón falso. También habitan allí tortugas de vientre rojo y de caparazón blando, estincos azules, y veintiséis tipos distintos de serpientes. La mayoría de estas serpientes son inofensivas, pero hay cuatro especies venenosas. La serpiente de cascabel enana y la de lomo de diamante se ocultan en las hamacas y en los pinares,

---

⇐
Serpiente añil
Anhinga pescando
Tortuga de vientre rojo descansando sobre un caimán
Anhinga comiendo un pez luna

esperando al acecho de animales pequeños. La serpiente de coral y el mocasín de agua también son venenosas.

Una de las serpientes no venenosas más hermosas de los Everglades es la serpiente de color añil. Estas serpientes enormes, de un azul oscuro, miden hasta 3 metros de largo. En el pasado las serpientes añil eran muy comunes, pero han sido muy cazadas por los coleccionistas de reptiles y hoy día son bastante escasas.

A unos 120 kilómetros aproximadamente al sur del Lago Okeechobee, la sabana queda interrumpida por una zona llamada los pinares. Aquí se elevan numerosas hamacas sobre la juncia. Aunque los pinares se encuentran sólo a 2 metros sobre el nivel del mar, forman el terreno alto de los Everglades. Es aquí, entre los pinos, los palmitos, y las

⇒
Pinares de los Everglades

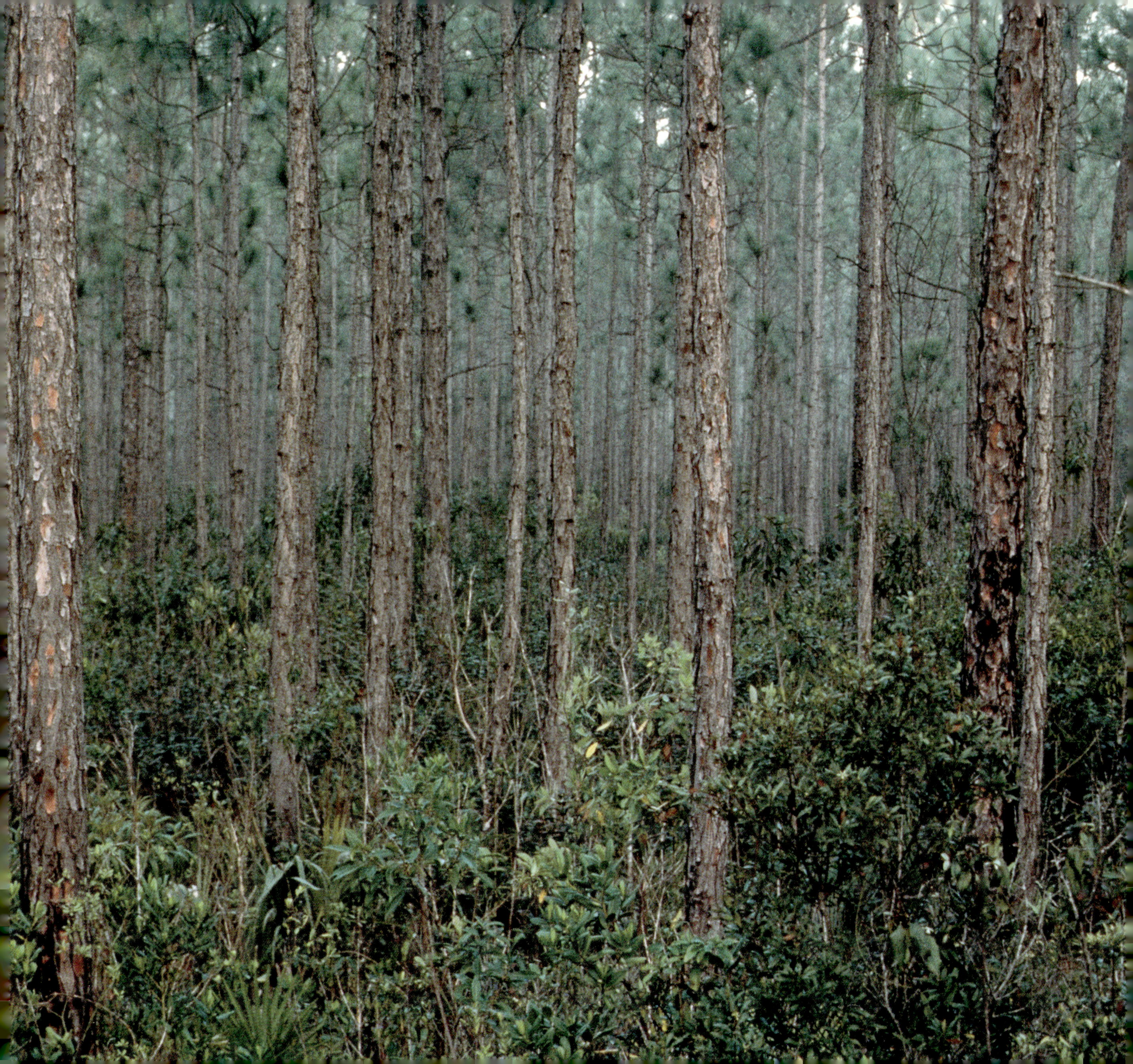

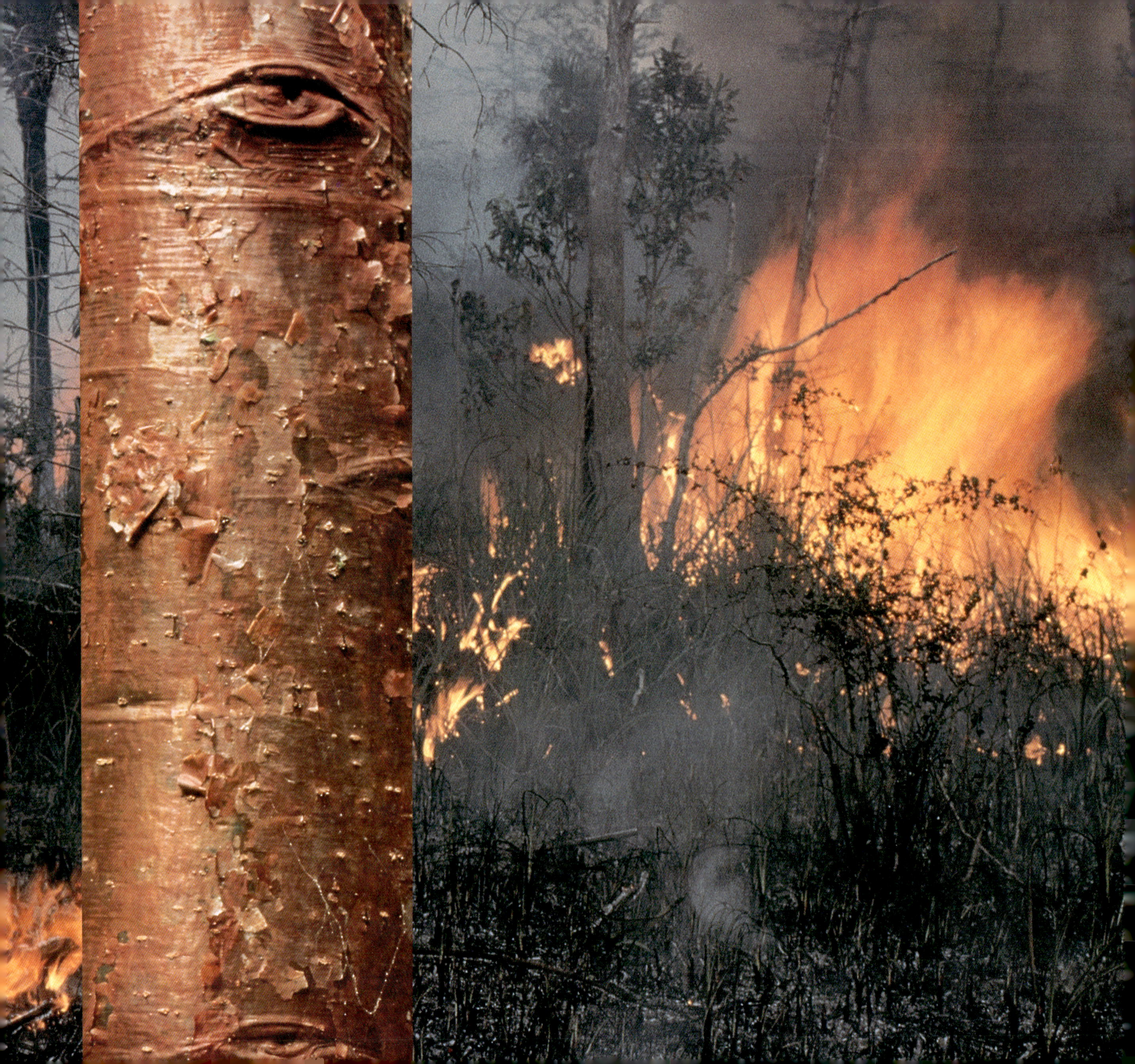

altísimas palmeras reales, donde se pueden ver las últimas panteras de Florida.

El Servicio de Parques Nacionales mantiene varios caminos dentro y alrededor de los pinares, incluido el Camino del Quingombó, denominado igual que el árbol. Este árbol tiene una corteza de color cobre brillante que se pela en capas delgadas, como de papel. Cuando un árbol quingombó es derribado por el viento, ¡echa nuevas raíces y continúa creciendo!..

Durante la temporada seca, los pinares se ven a menudo devastados por el fuego. Muchas de las plantas de la región sobreviven porque almacenan alimentos en bulbos o raíces bajo tierra, o porque desarrollan una corteza resistente al calor. Algunas plantas, como el chamico y el pino del incienso, de hecho crecen mejor después de un incendio.

⇐
Quingombó
El fuego abrasa los pinares

Al acercarnos al océano, la juncia da paso a bosques de mangles, y el agua dulce que ha viajado desde el Lago Okeechobee se mezcla con el agua salada del Golfo de México. Los canales de agua salada dan vueltas entre un laberinto enmarañado de raíces y ramas. Una sustancia llamada tanina, que se encuentra en la corteza de los árboles, tiñe el agua de un color marrón oscuro.

Este bosque retorcido y enmarañado de raíces, ramas y agua oscura, cubre la mayor parte de la costa suroeste de Florida. El mangle rojo es uno de los pocos árboles que puede sobrevivir en agua salada. Deja caer sus semillas largas y puntiagudas en el agua y éstas se sujetan en el agua poco profunda mediante unas raíces como puntales. En la marea baja, los árboles mangle parecen sostenerse sobre docenas de patas delgaditas de madera. Las raíces son lo suficientemente

⇒
Terrenos pantanosos costeros
Pantera de la Florida

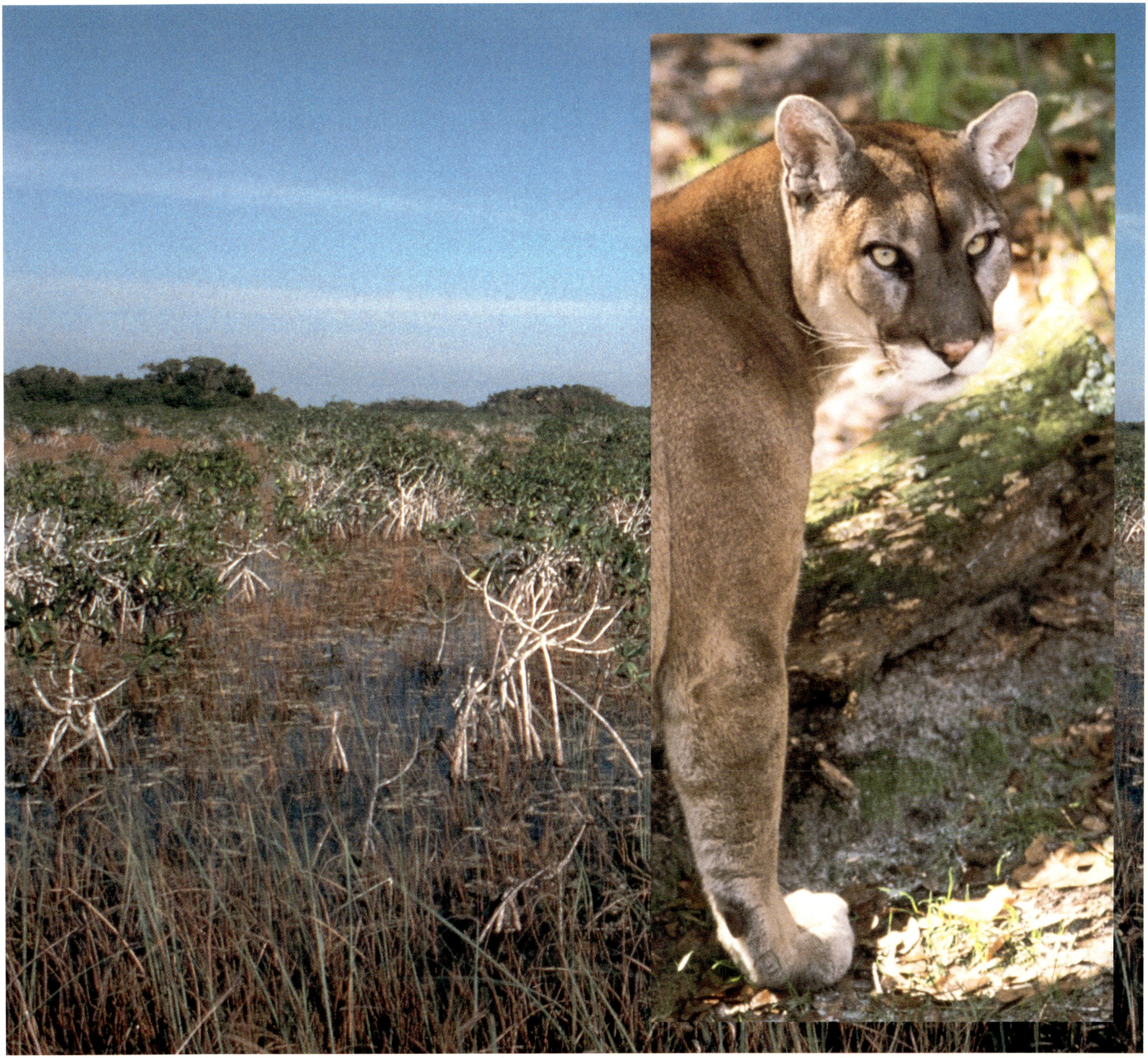

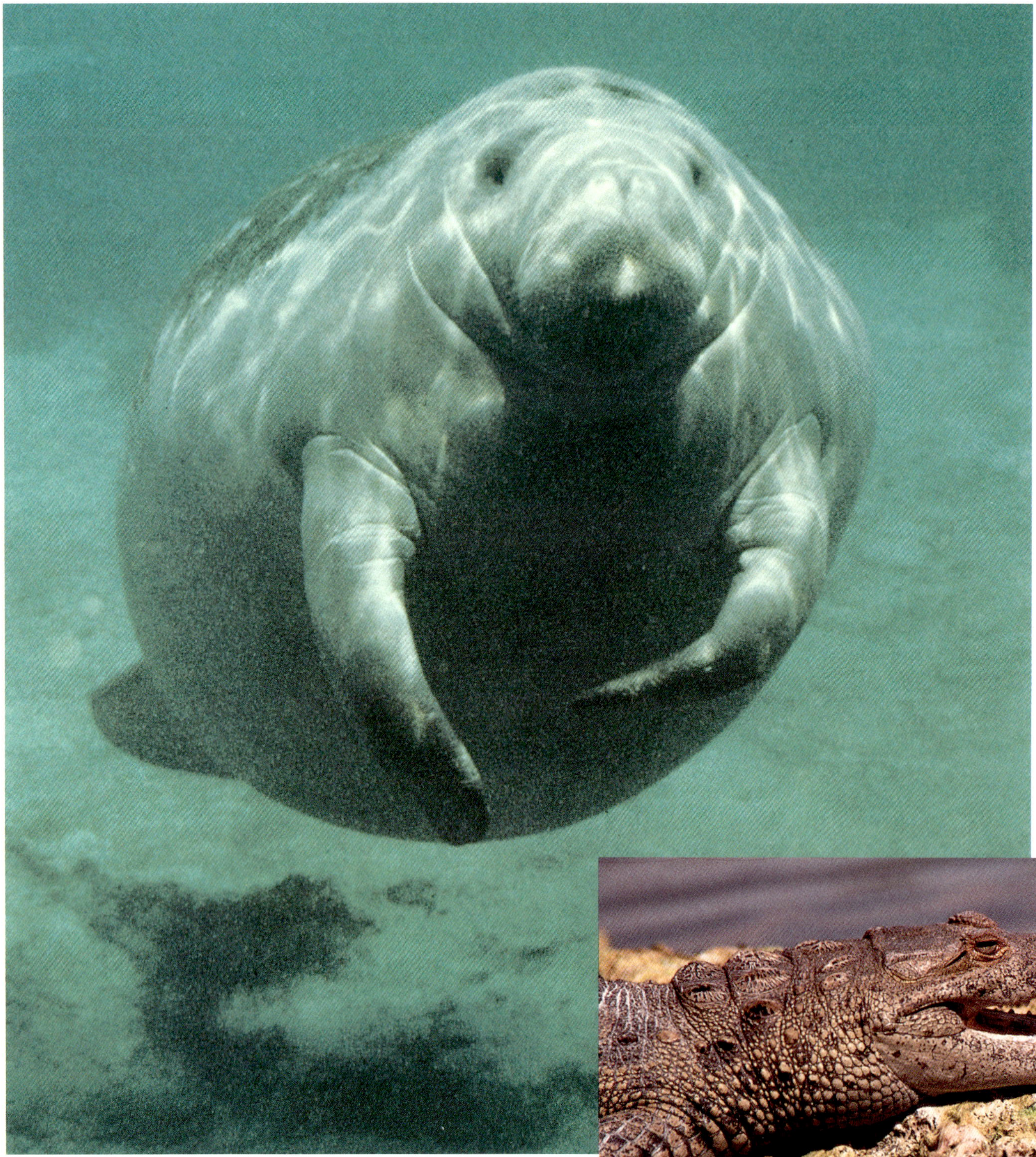
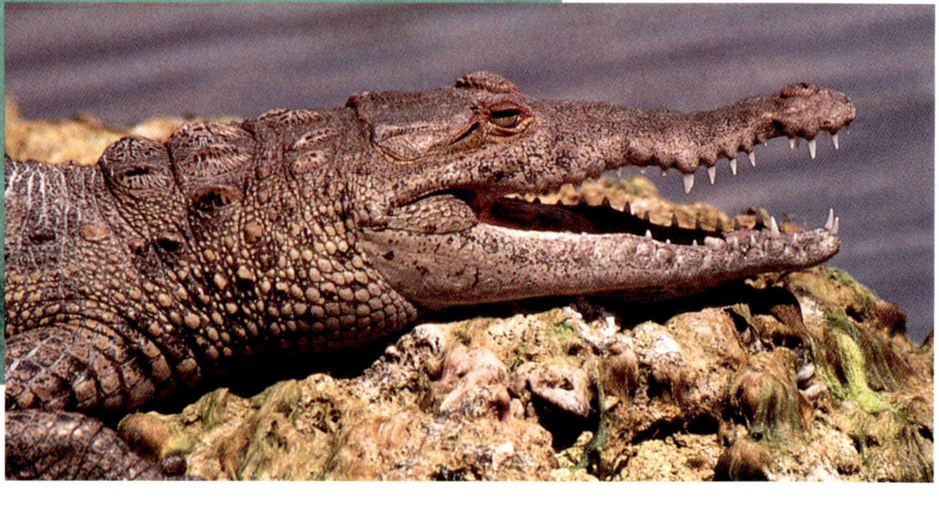

fuertes como para resistir huracanes. El barro y el limo quedan atrapados entre las raíces, reforzando así el terreno—y por esta razón a veces se llama al mangle el "constructor de terreno".

A lo largo de la costa de mangles vive el manatí, que pesa unos 680 kilos. El manatí es un mamífero tímido, pacífico, y de movimientos pausados, que prefiere vivir en las aguas costeras más profundas, buscando plantas acuáticas para alimentarse. El manatí resulta frecuentemente lesionado por las veloces barcas a motor, y es uno de tantos animales de los Everglades que está en peligro de desaparecer.

El cocodrilo americano también vive entre los mangles. El cocodrilo es parecido al caimán, pero tiene un hocico más largo y delgado y es de un color más claro. Solamente

⇐
Manatí
Cocodrilo americano

quedan unos 200 de estos raros reptiles en la Florida.

Hoy día, la mayor parte de lo que era originalmente los Everglades ha sido desaguada y plantada con cosechas. De hecho, algunas de las frutas frescas y verduras que comes durante el invierno, vienen de los campos que en su día fueron el hogar pantanoso de caimanes y garzas reales. Durante el siglo pasado, ha desaparecido más de la mitad de los Everglades originales —junto con el 90 por ciento de las aves vadeadoras. En 1947, para conservar lo que quedaba de esta región única, se reservaron cerca de unas 600.000 hectáreas para formar el Parque Nacional de los Everglades. Millones de plantas y animales—algunos de los cuales no existen en ningún otro lugar de la tierra —viven en esta región protegida.

⇒
Puesta de sol en los Everglades

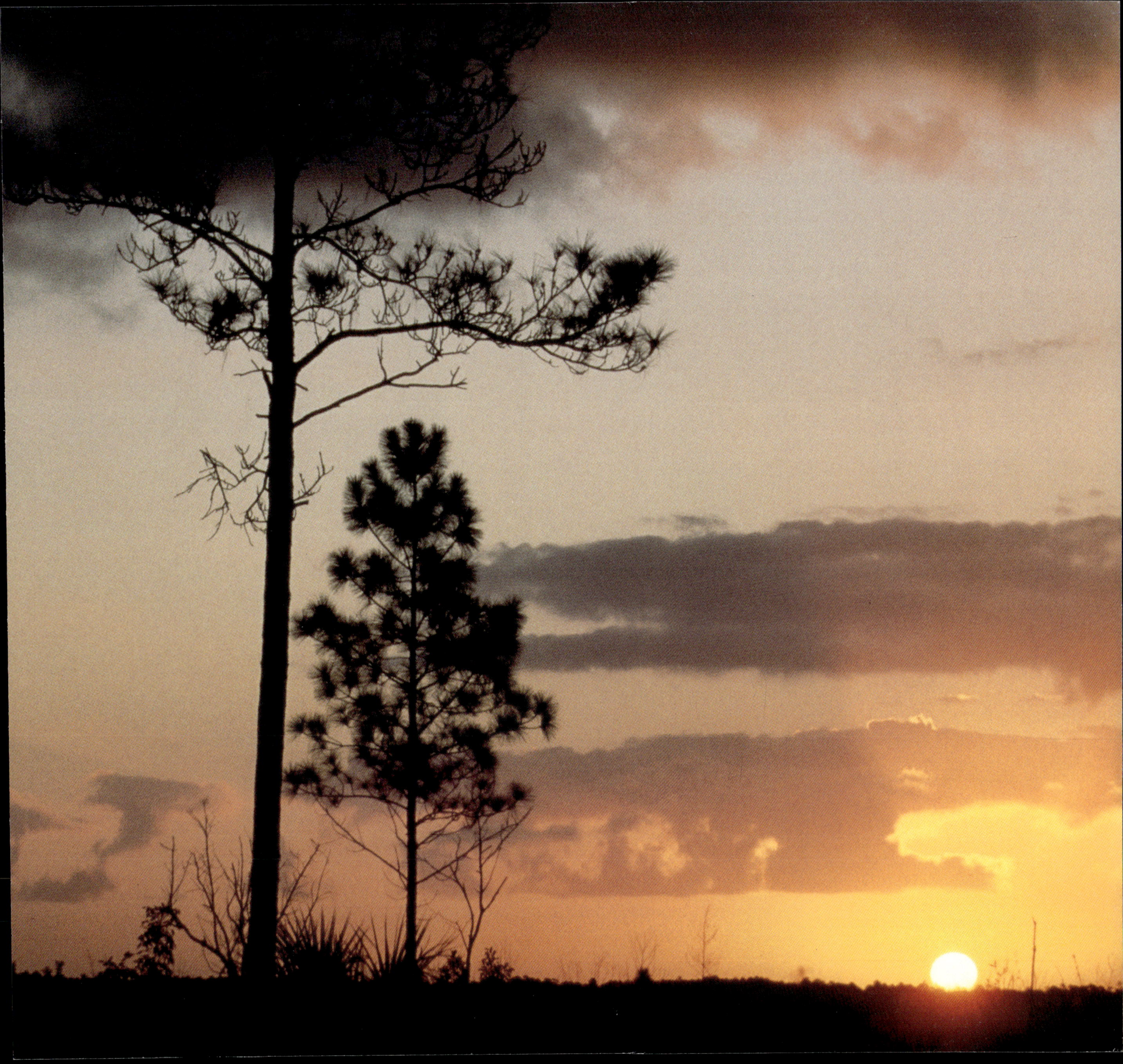

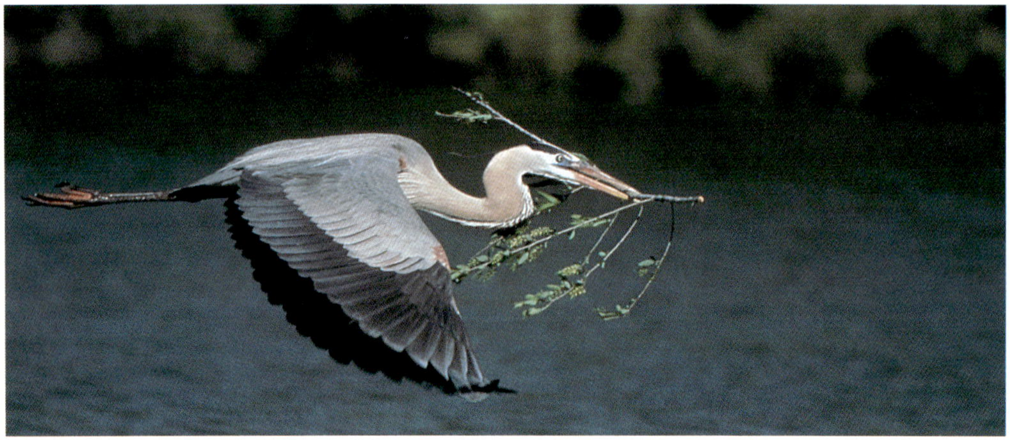

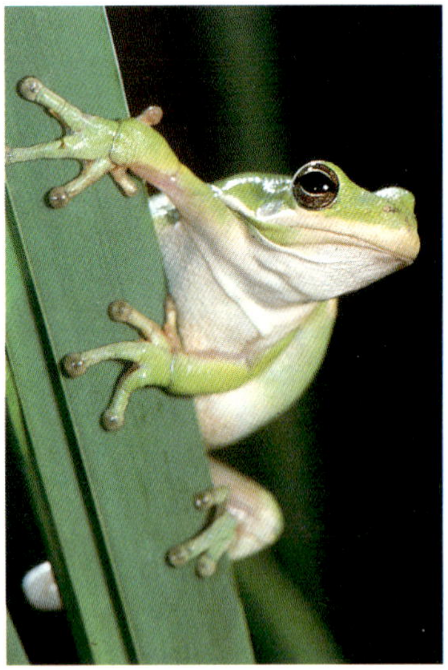
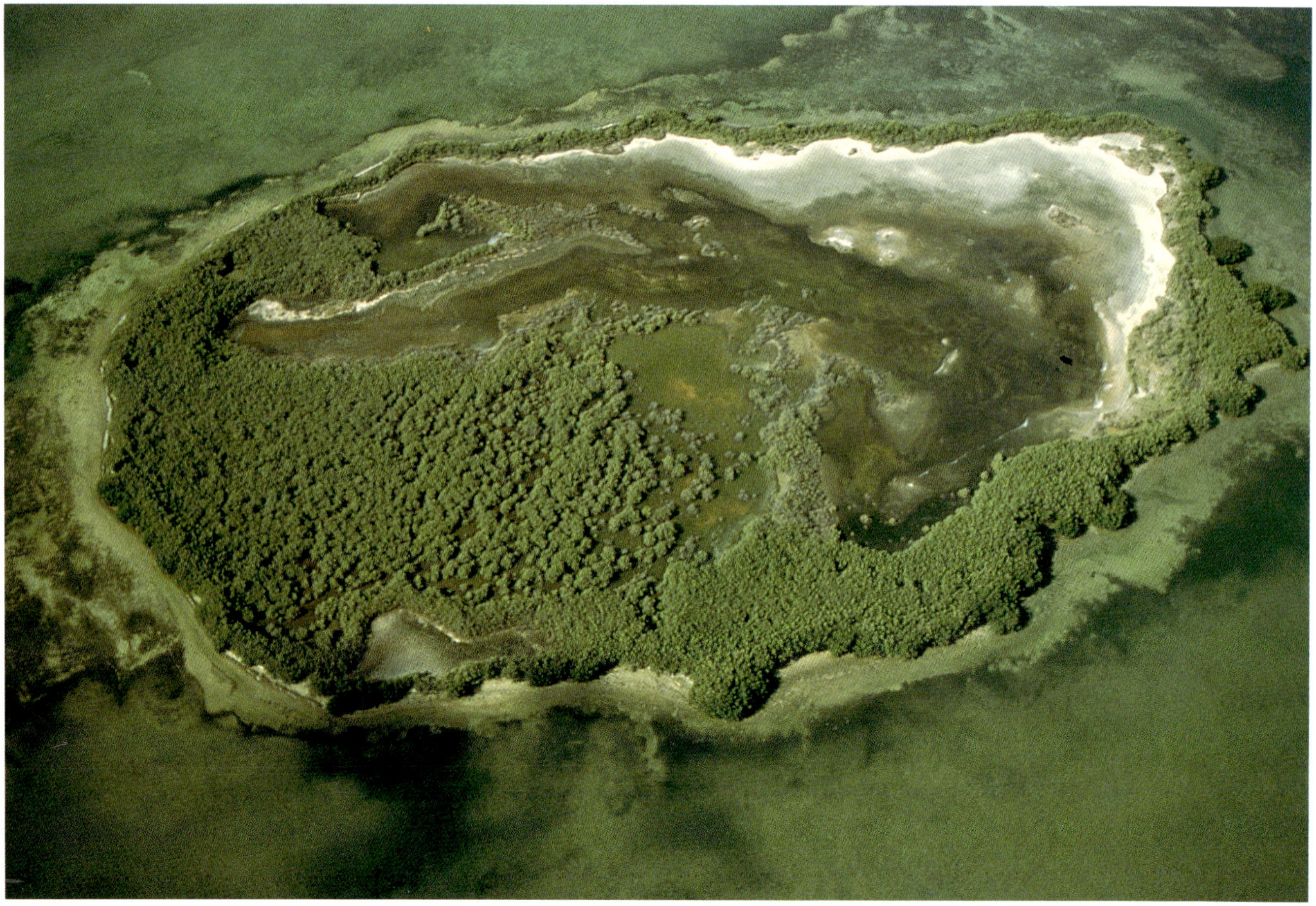

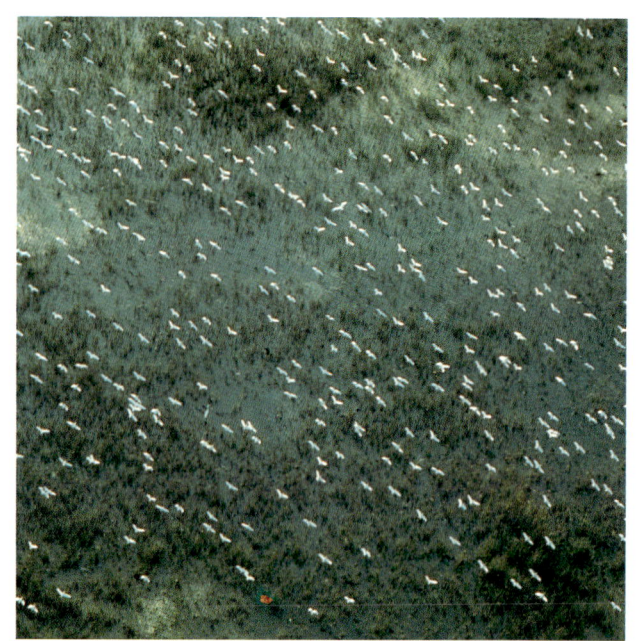

El ecosistema delicado de los Everglades depende del suministro de agua fresca y sin contaminar—sin embargo, gran cantidad del agua que en su día manaba por los Everglades, se utiliza ahora para el consumo humano. Muchas de las plantas y animales de la región ya han desaparecido, y muchas otras especies se encuentran amenazadas. Pero la gente de la Florida debe tener agua dulce para beber y tierra donde vivir. ¿Podemos satisfacer las necesidades de la gente y continuar conservando los Everglades? ¿Sobrevivirá la pantera de la Florida después del año 2000? ¿Quedará para entonces algún manatí vivo? Nadie lo sabe—pero muchas personas se están dedicando a proteger este ecosistema único y extraordinario.

⇐
Gran garza azul
Bandada de garzas reales
Vista aérea de los Everglades
Rana arbórea verde

Los Libros Visión son un nuevo concepto de publicación para nuestro mundo multilingüe. Cada Libro Visión puede imprimirse en cualquier idioma. Para más información, llame a Encyclopaedia Britannica Educational Corporation al número 1-800-554-9862.